おうち中華が劇的においしくなる

まさかの弱火中華

水島弘史

ワニ・プラス

CONTENTS

前菜・副菜

スープ

魚介

料理を始める前に用意してほしいもの

　中華料理というと、「まずは中華鍋」「強火で手早く」が鉄則と思う方が多いでしょう。実際、高く上がる炎を操り、自在に大きな中華鍋を振って食材を踊らせるプロの調理はとても迫力があり、ごく短時間に何品もの料理を作り上げるさまは、見るだけでも楽しいものです。

　中華料理、あるいは中華風の料理を家庭でも作ってみたい、家族で楽しみたい、という方もいるでしょうし、実際に作ったことがある方もたくさんいるはずです。

　ところが、料理教室の生徒さんたちの経験などをうかがうと、家で中華料理を作るとどうしても「油っぽくなる」「野菜が焦げる、または水っぽくなる」「中まで火が通らなかった」「肉も魚介も固くなってしまう」といった声ばかり聞こえてきます。結局「やっぱり家庭のコンロでは火力が足りないのね」「プロのように手早く作れないからダメなのね」「普通のフライパンを使っているから失敗するのね」と、みなさんあきらめ顔です。

　でも、失敗の理由はまったく違います。ほとんどの場合「火が強すぎる」ことが原因なのです。「中華は強火が常識」といわれますが、それは「大火力」に加えて、「中華鍋を自在にあつかって食材をあおれる技術」があってこそです。底の平らな普通のフライパンに食材を入れ、コンロにのせたまま強火で加熱すれば、家庭のコンロであっても食材はすぐに焦げます。焦げる前に取り出せば火は通っていないでしょうし、少し火を弱めてやり直してみても、今度は中途半端に時間がかかるため、野菜からはどんどん水分が出てくるし、肉や魚介は縮んで硬くなってしまうのです。

この本でオーブンを使う料理は東坡肉だけですが、ほかのオーブン料理でも役に立ちますのでできれば用意しましょう。オーブンには「温度設定」の機能がついていますが、実際の庫内温度とはかなりの開きがある場合も多いためです。

オーブンメーター

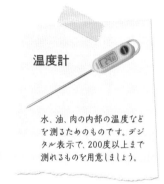

温度計

水、油、肉の内部の温度などを測るためのものです。デジタル表示で、200度以上まで測れるものを用意しましょう。

通常の「小さじ（5cc）」と大さじ（15cc）」だけではなく、0.1cc、0.5cc、1ccなどが量れるものを用意してください。

計量スプーン

この本でご紹介するのは、どんなに料理が苦手な人でも、初めて中華料理を作る人でも失敗しない方法です。

その基本は、まさかの「弱火」。もちろん家庭のフライパンや鍋だけでかまいません。短時間で嵐のように調理する必要はありません。もちろん鍋を振る腕力も不要。

ただし、どうしても用意してほしいもの、守ってほしいと思うことがいくつかあります。

まず、最初にこのページの道具をぜひそろえてください。中華料理に限らず、料理の味の決め手であり、土台になるのは「塩」です。塩はどんな

ときでも、食材の0.8〜1%前後が基本。そのためには、食材、そして塩を正確に量ることが必須だからです。

また、柔らかい食材が調理中に硬くならないように、また硬い素材にもきちんと味が入るようにするためには、何より温度管理が大切です。そのために必要なのが、温度計とタイマー。「○度で」とあるものは正確に測ってください。

豪快で、なんとなくおおざっぱでもよさそうに見える中華料理ですが、この本の料理を作るときには、「塩少々」とか「短時間で手早く」といった「テキトーな計量」「だいたいの計測」はNGです。

多くの方がイメージする中華料理のように「数分でできる」という方法ではありません。しかし、きっと満足できる仕上がりになりますから、ここだけは忘れないでください。

電卓

調理中に数字が見やすく、ボタンが押しやすい多少大型のもののほうが便利です。足し算、引き算、掛け算程度しか使いませんので、高機能なものは不要です。

1時間（できれば2時間）まで計れるものであればなんでもかまいません。

タイマー

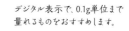

デジタル表示で、0.1g単位まで量れるものをおすすめします。

キッチンスケール

シンプルな「豆苗炒め」で 「弱火中華」の基本を知ろう

　手始めに中華料理店のメニューにもよくある「豆苗炒め」を作ってみましょう。多くの野菜炒めはこれが「基本」になりますから、ほかのメニューを作る前に、ぜひ一度作ってみてください。

作り方

❶ まず豆苗をパックから外し、根の部分を切り落としてから、半分程度に切ります（1パックは80〜100gです）。

❷ つづいて、冷たいフライパンを用意し、そこに豆苗を入れてネギ油10gをまわしかけ、和えるようにして混ぜます。

❸ コンロを弱火に点火して、②のフライパンをのせ、3〜5分炒めます。混ぜ続ける必要はありませんが、途中で2〜3回上下を入れ替えるようにしてください。火が通ったらいったん皿などに取り出します。

❹ 同じフライパンにネギ油を10ｇ入れ、みじん切りにしたニンニクと鷹の爪を入れ、弱火で1分炒めます。

❺ ここで初めて強火にし、取り出しておいた豆苗を戻し、塩1gを入れて20秒ほど炒めます（豆苗が80gなら塩は0.8g）。

❻ 最後にスープを20g入れて10秒炒めたら完成。

ポイントは、

「冷たいフライパンに油をからめた野菜を入れる」

「弱火でゆっくりと炒める」

「最後だけ強火にする」

　この本で紹介するレシピの多くが、この方法を使っています。

　低温からゆっくりと火を通すことによって、野菜の組織を破壊しすぎず、水分が内部に残るため歯ごたえが残りつつ、味はしっかりと入ります。弱火で野菜炒めを作ると、野菜は焦げず、冷めてもお皿に水分が出てくることもなく、温めなおしても作りたてに近い状態で食べられます。

材料

豆苗	100g
ネギ油 （10gずつ2度に分けて使う）	20g
ニンニク	2g
鷹の爪	1本
塩	1g
スープ （14〜15ページのスープを使う。 時間がなければ市販の中華だしを 水で溶いたものでも可）	20g

まず冷たいフライパンに
豆苗を入れよう！

豆苗の炒め物

弱火中華、5つの特長

⬤ 野菜の歯ごたえがきちんと残る

前のページの豆苗炒め、55ページのモヤシ炒めなどがわかりやすいですが、野菜は強火で炒めるとすぐに焦げてしまったり、中火程度で炒めても今度は水っぽくなってしまいがちですが、冷たいフライパンから弱火でゆっくりと加熱すれば問題は解決します。

⬤ 肉はジューシー、魚介はプリプリに仕上がる

「肉は最初に強火で周囲を焼き固めて肉汁を閉じ込める」とよくいわれますが、これは間違いです。急激に加熱すると、肉は急に縮んで水分（肉汁）が外に出てしまいます。ゆっくりと加熱して火を通すことで水分が肉の内部に保持され、その後煮込んだり、炒めたりしても硬くなったりパサついたりしません。

⬤ 油が酸化しにくいためヘルシー

油は高温になればなるほど酸化が進み、これを摂取すると体内に活性酸素、過酸化脂質などが増え、さまざまな病気、老化につながるとされています。中華料理は油を多用しますが、「弱火中華」は油を高温にさらす時間が最短のため、油が酸化しにくく、強火調理よりもヘルシーといえます。

⬤ あわてず、落ち着いて作れる

「弱火中華」は、本格的な強火の中華よりも時間はかかりますが、その分「放置」しておける時間が長いのが特長です。初めて中華料理を作る人でも、じっくり落ち着いて作ることができますから、失敗リスクは限りなく低くなります。しかも、放置しておける時間に、洗い物、別の料理の下準備などもできるので、結果的には非常に効率よく複数のレシピが作れます。

⬤ 冷めても温め直してもおいしい

水分を食材の内部にできる限り残そうとする調理法なので、冷めても水分がお皿に出てくることが少なく、温め直してもおいしく食べられます。食べる時間がバラバラなご家族がそれぞれ電子レンジで温めて食べる場合や、お弁当に入れたい場合にも向く調理法です。

弱火中華5つのコツ

● すべての材料は最初に切る

　野菜類などは料理を始める前に、すべて量って、切っておきます。作り始めてから、タマネギの皮をむき始めたり、ニンニクをみじん切りにしたりすると、手順も時間もわからなくなってしまいます。もちろんアサリなどを塩抜きして洗う、干しシイタケを水で戻す、エビの背わたをとる、なども先にすませておきます。

● 合わせ調味料はあらかじめ合わせておく

　しょう油、塩、酢、酒などを合わせて入れる「合わせ調味料」も、あらかじめ正確に計量して、小さい器に準備しておきましょう。

● 湯通し、油通しも、あらかじめすませておく

　湯通しのためには沸騰したお湯が必要です。お湯を沸かす時間もかかりますから、これもあらかじめすませておきましょう。冷たい水に食材を入れて弱火で加熱する、といった手順が必要な場合も、湯温が上がるまではかなりの時間がかかりますので、準備段階ですませておきます。油通しをする場合も、早めにすませておいてOK。食材がある程度冷めても問題ありません。

● 切った材料は使う順に並べておく

　実はこれが非常に大切です。切った野菜や肉・魚介、下ごしらえをしたものなど、すべての材料を同じバット、大きめの皿などに「入れる順」に並べておくことです。合わせ調味料も小さい器に入れて同じバットにのせ、単体で使う調味料もそれぞれ量って器に入れて並べます。

● 材料の準備ができたところで「作り方」を読む

　材料をすべて並べたところで、「作り方」をきちんと読み直してください。材料を見ながら確認し、手順を頭に入れてから料理を始めると、非常にスムーズです。作り方を読みながら準備をしたり、加熱をしたりすると、手順が混乱するだけではなく、キッチンが野菜の皮や、食材の包装、調理器具などで大混乱になり、大事なものを入れ忘れてしまう、などの失敗につながります。「材料の整理整頓」は「頭の中の整理整頓」と同じです。

「油通し」「湯通し」でおいしくなる理由

油通しは本格的な中華料理でも行う手法で、肉・魚介・野菜などを130〜170℃の油（食材による）に短時間通すことを言います。中まで火を通すことが目的ではなく、固い食材の表面をあらかじめ加熱することで、その後強火で炒めるときに火が瞬時に、しかも均一に入りやすい状態を作るために行います。たとえば酢豚、青椒肉絲はこの油通しをしていますが、この本では、少し違う形の「油通し」と「湯通し」も行っていますので、はじめに紹介しておきます。

野菜の油通し(酢豚)

野菜の油通し(青椒肉絲)

冷たい油からの油通し

冷たい油にひき肉を入れれば、
弱火で加熱し、臭み、アクを落とすことができる
また、低速加熱のため、肉が固くならずジューシーに仕上がる

ひき肉の場合は「油で肉を洗う」ようなイメージです。肉を入れた冷たい油を弱火で加熱し、油はザルで濾して廃棄し、その後再び加熱調理すれば、肉の水分が失われずふっくらと仕上がります。肉団子の場合は冷たい状態から低速で加熱することで、肉が縮まず、非常にジューシーに仕上がります。

■ レシピの例　青椒肉絲 (肉)　牛肉のオイスターソース炒め (肉)　酢豚 (肉)　麻婆豆腐　汁なし担々麺 (ひき肉)　肉団子のあんかけ　油淋鶏

ひき肉の油通し(麻婆豆腐)

肉団子の油通し

沸騰した湯からの湯通し

硬い野菜を炒める前に、沸騰したお湯で短時間加熱し、
中まで火が通りにくい食材に熱、調味料を素早く入れる

ジャガイモの湯通し

たとえば表面が硬い、野菜(タケノコ、ニンジン、タマネギ、葉物野菜の茎部分など)は、いきなり高温で炒めても中まで火が通りにくく、味も染み込みません。そのまま時間をかけると表面が焦げます。炒める前に、沸騰した湯で短時間加熱すると、表面の組織が壊れ、その後の調理で味が染み込みやすくなります。また、野菜内部の水分も加熱されているため、熱が内部にまで急速に入ります。中華料理の一般的な油通しを熱湯を使っておこなう方法です。

■ レシピの例　　エビと小松菜炒め　ジャガイモの和え物
　　　　　　　　イカとブロッコリーの炒め物 (ブロッコリー)

冷たい水からの湯通し

冷たい水に肉や魚介を入れて、弱火で加熱し、
臭みやアクをとると同時に、急激に縮み、硬くなることを防ぐ

水に肉や魚介などを入れて弱火でゆっくり火を通していくことで、臭みやアクをとり、同時に食材が硬くなることを防ぐことが目的です。低速で内部まで火を通しておくと、その後炒めたり煮込んだりしても硬くなりません。野菜の場合には、逆にシャキッとさせるために行うこともあります(写真右下のキュウリなど)。

■ レシピの例　　エビのチリソース炒め　回鍋肉　蒸し鶏とキュウリの和え物
　　　　　　　　棒棒鶏　イカとブロッコリ炒め (イカ)　東坡肉

イカの湯通し

鶏とキュウリの湯通し

11

塩以外の調味料は好みで増減してかまわない

　右に紹介するのはこの本で使用した主な調味料です。スーパーでも手に入り
やすいものばかりです。紹興酒は日本酒でも代用できますが、やはり中華料理
らしい香りは紹興酒ならでは。酢も米酢・黒酢でかまいませんが、今回は中国
産の香醋（もち米が原料の黒酢）を使いました。

　これ以外に使ったのは、普通のしょう油、塩、コショウ、砂糖、山椒など。

1　塩だけはきっちり量る

　塩の分量は、出来上がりの食材の0.8〜1%になるようにしています。これは人
間の体液とほぼ同じ生理食塩水に近い濃度ですが、この塩分を人間は生理的に「お
いしい」と感じます。中華料理はほかの料理と比べ塩分濃度は濃いめです。

　しっかり食材の重さを量り、塩は0.1g単位で量ってください。多くのレシピ本
にはよく「塩少々」「塩適宜」「塩ひとつまみ」などとありますが、フレンチでも和食
でも中華でも、すべての味のベースになるのは「塩分」です。何よりも塩だけは、「だ
いたい」とか「目分量」ではなく、きちんと量ってください。

2　甘み、辛みはお好みで

　塩がきちんと決まっていれば、それだけでベースはできていることになります。
ほかの調味料は「風味づけ」と考えてください。フランス料理は複雑なソースが決
め手といわれますが、それでもベースは塩。ソースは「風味」にすぎません。

　たとえばレシピにあるコショウですが、好みによって入れなくてもかまいません
し、鷹の爪、豆板醤などによる辛みも好みで変更してください。お好きな方は激辛
にしてもいいし、子供向けにはごく少量に減らしてもかまいません。

　八角、丁子、花椒なども手に入らなかったら、なくても問題はありません。ただ
し東坡肉に八角を入れず、紹興酒を日本酒に変えて作ると、限りなく「和風の角煮」
に近づき、「中華料理」という感じにはなりません。

　もうひとつ、知っておいていただきたいのは砂糖の量です。

　塩分（塩、しょう油の合計）と砂糖を併用する場合、塩分と砂糖が同量から、1
対2程度までだと、人間の舌は強い甘みは感じません。この本のレシピは、それよ
りも多い1対3前後に調整してあります。

　近年、外食で出される料理は昔に比べ塩分も増えていますが、砂糖の量も非常に
多くなっています。「甘辛くておいしい」といわれるソース、たれなどの砂糖の量

は1対3どころか、1対6以上のことが多く、塩分の6倍の砂糖が入っています。こうした味に慣れてしまっている人は、もう少し砂糖を入れたい、と思うものもあるかもしれません。その場合は味をみながら砂糖だけを少し足してください。

　一方、レシピの砂糖量では「甘すぎる」と感じる場合は、塩分量は変えず、砂糖の量を減らしてください。

この本で使った主な調味料

●オイスターソース

●ネギ油

●香醋(こうず)

●紹興酒

●甜面醬(てんめんじゃん)　●豆板醬(とうばんじゃん)

●豆鼓醬(とうちじゃん)

●黒コショウ

●八角

●干しエビ

●丁子(ちょうじ)(クローブ)

●鷹の爪

●花椒(かしょう)(ホアジャオ)

基本のスープ（だし）の作り方

　この本のレシピでは、市販のいわゆる「中華だし」「中華スープ」は使っていません。本格的に鶏ガラを大量に使って作るスープは手間も時間もかかりますが、手軽に家庭で作れる中華スープをご紹介しましょう。手に入りやすい鶏の手羽先は骨からも身からもだしが出ます。決して沸騰させないことが最大のポイント。大量に浮いてくるアクはキッチンペーパーなどでていねいに濾しましょう。きれいに澄んだスープになれば大成功です。0.8%の塩を入れただけで、おいしいスープになります。だしとして使うだけではなく、アレンジ次第でいろいろ楽しめるはずです。冷蔵庫で数日は保存できます。また小分けして冷凍保存しておいてもいいかもしれません。

材料（500g分）

鶏手羽先	2本	長ネギ	20g
鶏むねひき肉	60g	ショウガスライス	10g
豚赤身ひき肉	60g	水	700g

作り方

① 手羽先を関節で切る。

うまく切れ
なかったら
そのままで
OK

② 縦半割にしてから皮目に軽く切り込みを入れる。

③ 鍋に手羽先、鶏と豚のひき肉、水を入れて弱い中火にかけ、木べらで混ぜながら90℃まで温度を上げてから、弱火にして95℃まで温度が上がったら混ぜるのをやめ、火をいったん止める。

④ 長ネギとショウガを入れ、火の点火・消火を繰り返しながら90〜95℃を維持し、40分加熱する。（絶対に沸騰はさせない）

沸騰しそうになったら火を止める！

破れにくいキッチンペーパーを使おう！

⑤ アクが浮き上がってきたら火を止める。

びっくりするほどアクが出ます

⑥ キッチンペーパーまたは目の細かいザルで濾す。この本のレシピにある「スープ」はこれを使う。

エビのチリソース炒め

フレッシュトマトで爽やかに！
エビ本来の風味と食感を楽しみましょう

材料　2人分

エビ	180g（14尾程度）
トマト	180g
長ネギ	60g

リラダオイル （エビの殻を炒めるためのもの）	20g

★合わせ調味料

ニンニク	8g
ショウガ	7g
豆板醤	10g

日本酒（紹興酒）	30g
水	150g
塩	2.4g
砂糖	4g
酢	8g

水溶き片栗粉	片栗粉6g+水12g
ゴマ油	5g

温度計でちゃんと
測ってね！

作り方

① エビの殻をむき、背わたを除去。殻は軽く水洗いして水気を切る。

② ニンニク、ショウガのみじん切り、豆板醤を合わせておく。

③ トマトを粗みじん切り、長ネギをみじん切りにしておく。

④ エビが浸る程度の0．8％の塩水（分量外）を用意して鍋に入れて弱火にかける。

⑤ 35℃になったら火を止め、ふたをして3分置く。

⑥ ふたをとり、弱めの中火で再度加熱し、65℃になったらエビ取り出し、キッチンペーパーで水気を切る。

⑦ フライパンをきれいにして、サラダオイルとエビの殻を入れる。

⑧ 弱めの中火で3〜5分、エビの殻が芳ばしくなるまで焦がさないように煎る。

根気よく煎ると
ビックリするほど
おいしくなる！

⑨ 火を止めたまま②を加えて、30秒くらい炒める。

⑩ 再度火をつけ、日本酒を加え、弱めの中火で1分加熱しアルコール分を飛ばす。

日本酒も
だしの
ひとつです！

⑪ トマトを加え、弱めの中火で3
　分煮る。

菜箸などで
ていねいに！

⑫ エビの殻を取り除く。

⑬ 長ネギのみじん切りと水を加え
　て、中火で軽く煮立てる。

⑭ 塩、砂糖、酢を加えて1〜2分
　煮る。

⑮ 火を止めて⑥のエビをフライパ
　ンに戻し、アルミホイルで落と
　しぶたをして3〜5分置く。

⑯ 水溶き片栗粉を加えてからめ、
　中火にかけて混ぜながら煮立
　てる。

⑰ 最後にゴマ油をまわしかける。

回鍋肉
ホイコーロー

厚切りの豚肉を使い
1品でも大満足の本格派

材料 2人分

豚バラ肉	140g
ピーマン	30g
キャベツ	120g
長ネギ	30g
ニンニク	6g
サラダオイル	30g

★合わせ調味料

ゴマ油	5g
豆板醤	3g
甜面醤	7g
豆鼓醤	5g

日本酒	30g
スープ(14〜15ページ)	10g
紹興酒	10g
ゴマ油(仕上げ用)	5g

作り方

① 豚肉は厚み7mm、縦横2cm×4cmくらいの大きさに切る。

② ピーマンはヘタとタネを除去して縦4つ割、横斜め半分に切る。

③ キャベツは3cm×4cmくらいの大きさに切る。

④ 長ネギは小口から1cmの斜め切り、ニンニクは薄切りにする。

⑤ フライパンに豚肉が浸かる程度の0.8%の塩水を作り(分量外)、豚肉を入れて弱火にかけ、65℃まで温度が上がったら火を止めて3分放置。

⑥ 豚肉を取り出してキッチンペーパーで水気を切っておく。

⑦ 冷たいフライパンにピーマン、キャベツ、長ネギ、ニンニクを入れて、サラダオイルをまわしかけてからめ、弱火にかけ6分炒める。

⑧ ⑥の豚肉を⑦に入れて1分炒める。

⑨ フライパンの中央に空きスペースを作り、合わせ調味料を入れて30秒ほど炒める。

最後だけ強火です

⑩ フライパンの中央に日本酒、スープ、紹興酒を加えて混ぜ、強火にして具全体にからめ、30秒炒める。

⑪ 仕上げのゴマ油を加えてさっと混ぜ、器に盛りつける。

カニ炒飯

弱火でゆっくり作れます。
パラパラでしかもしっとり！

材料 2人分

温かいご飯	200g
サラダオイル	30g
長ネギ	30g
ボイルしたカニのほぐし身	90g
卵	110g（中2個程度）
塩	2g
コショウ	コショウ挽き 4回転
万能ネギの小口切り	6g
ゴマ油	2g

作り方

① 長ネギはみじん切りにし、卵は溶いておく。

② ご飯をザルに入れ、上から大さじ3〜4杯の水（分量外）を回しかけてよくほぐし、さらにサラダオイルをまわしかけて箸でほぐしながら混ぜる。余分な油は下に落とす。

②

温かいご飯を
水と油で
ほぐします

③ 冷たいテフロン引きのフライパンにキッチンペーパーで薄く油（分量外）を塗り、溶き卵を入れて弱火にかける。

④ ゴムベラか木べらでゆっくり混ぜ、卵が固まってきたら、ヘラで剥がすようにしながら混ぜる。

⑤ 卵が半熟まで火が通ったらご飯をほぐしながら入れて、ヘラで上下を返しつつ切るようにして3分ほど混ぜる。

卵入れて
3分

⑥ 弱火のまま長ネギを
　入れ、さらに2分ほど
　切り混ぜる。

ネギ入れて
2分

⑦ ここで、塩、カニを加えて、
　さらに3分ほど
　切り混ぜる。

カニ入れて
3分

⑧ 初めて強火にして鍋中央にス
　ペースを作り、ゴマ油を入れた
　ら全体にさっとからめる。

⑨ 強火のまま万能ネギを入れ20
　秒ほど炒める。

⑩ 盛りつける。

あわてずゆっくり
のんびり作れます

蒸し鶏と
キュウリの和え物

驚くほど鶏むね肉がジューシー。
メインのおかずにもなります

材料 2人分

鶏むね肉	160g
長ネギ	10g
ショウガスライス	10g
水	1000g
塩	15g
キュウリ	100g

★合わせ調味料

塩	2g
酢	15g
ゴマ油	10g
砂糖	4g
煮汁(または14〜15ページのスープ)	20g

作り方

① キュウリを3〜5mm×6cmの細切りにする。

② 深めの鍋に水と塩を入れてよく溶き、ショウガスライス、長ネギ、鶏肉(皮目を下にする)、キュウリを入れる。

③ 弱い中火にかけて50℃まで温度を上げる。

④ 50℃になったらいったん火を止め、キュウリだけを網ですくって取り出す。

⑤ 再度鍋に火をつけて弱い中火で65℃まで温度を上げ、火を止めてそのまま10分放置し、肉を取り出す。

⑥ 残った煮汁は90℃まで温度を上げ、キッチンペーパーで濾し、20gを合わせ調味料に入れる。

⑦ キュウリは流水でさっと洗ってキッチンペーパーで水気をとる。

⑧ 取り出した鶏肉もよく水気をとり、7mm幅くらいに手で割く。

⑨ 皮は外して5mmくらいの幅に切る。

⑩ ボールに鶏肉とキュウリを入れて合わせ調味料で和える。

②

⑧

⑨

トマトの中華サラダ

熱いタレにトマトを入れて
しっかり冷ますひと手間で絶品に

材料 2人分

トマト	240g（中2個程度）	塩	2g
ゴマ油	8g	砂糖	4g
長ネギ	12g	しょう油	5g
ショウガ	6g	酢	5g
		万能ネギ	5g

作り方

① トマトのヘタをとり、縦4つ割り
　横半割りにする。

② フライパンにゴマ油、長ネギと
　ショウガのみじん切りを入れ
　て、弱火にかけ30秒炒める。

③ ②に塩、砂糖、しょう油、酢を
　加えて強火にして10秒加熱す
　る。

④ ボールにトマトを入れ、熱いう
　ちに③を加えてよく和える。

⑤ ④をポリ袋に入れて空気を抜
　いて密封し、そのままボールに
　張った冷水の中で冷ます。

⑥ 器に盛りつけ、万能ネギを散ら
　す。

鶏もも肉の皮も臭みなし！
濃厚だれで食べごたえ
十分です

棒々鶏
（バンバンジー）

材料 2人分

鶏もも肉	180g
長ネギ	10g
ショウガスライス	10g
水	1000g
塩	15g
キュウリ	60g（約2／3本）
トマト	120g（中1個）

★タレの材料

ねりゴマ	15g
砂糖	6g
しょう油	5g
酢	6g
豆板醤	5g
ゴマ油	4g
長ネギみじん切り	10g
ショウガみじん切り	2g
煮汁（または14〜15ページのスープ）	10g

タレだけでもおいしいので、冷奴やゆでた麺にかけてもOK

作り方

① キュウリを3〜5mm×6cm程度の細切り、タレ用の長ネギはみじん切りにする。

② 深めの鍋に水、塩を入れ、塩が溶けたらショウガ、長ネギ、鶏もも肉（皮目を下にする）、キュウリを入れる。

③ 弱い中火にかけて50℃まで温度を上げる。

④ 50℃になったらいったん火を止め、キュウリだけ網ですくって取り出す。

キュウリはゆですぎ注意！

⑤ キュウリは流水でさっと洗ってキッチンペーパーで水気をとる。

⑥ 再度鍋に火をつけ、弱い中火で65℃まで温度を上げ、火を止めてそのまま10分放置する。

放置が大事

⑦ 鶏肉を取り出し、キッチンペーパーで水気をとって1cm幅に切る。

⑧ 残った煮汁は捨てず、温度を90℃まで上げる。絶対に沸騰させないよう注意。

⑨ キッチンペーパーで濾す（濾したものはタレの材料として使う）。

⑩ ボールにタレの材料をすべて入れ、混ぜ合わせる。

⑪ トマトは半割りにしてへたをとり、7mm幅くらいの輪切りにする。

⑫ 皿にトマトスライスとキュウリを盛り、鶏肉をのせてタレをかける。

ラーパーツァイ

炒飯にも白飯にも合う
ピリっと辛い中華浅漬け

材料 2人分

白菜	130g
ショウガ	3g
鷹の爪	1本
ゴマ油	10g
酢	7g
塩	1.3g
砂糖	4g
花椒	0.3g

作り方

① 白菜を幅7mm長さ6cmくらいに切り、ショウガは千切りにする。

② 鷹の爪は半割りにして種を除去する。

③ フライパンに①②とゴマ油、調味料をすべて入れ中火にかける。

④ 箸で混ぜながら少ししんなりする程度まで加熱する(2〜3分くらい)。

⑤ ポリ袋に入れ空気を抜いて密封し、ボールに張った冷水につけて冷やす。

⑥ ポリ袋から出して器に盛りつける。

カニ玉

弱火で仕上げたふんわり卵に とろっと甘辛あんかけの定番

材料 2人分

長ネギ	20g
干しシイタケ	10g（乾燥した状態）
タケノコ水煮	50g
塩	上の3つを炒めた重量の0.7%

卵	220g〜240g（中4個）

スープ（14〜15ページ）	50g
日本酒	10g
塩	1.4g
砂糖	4g
コショウ	コショウ挽き 3回転

カニのほぐし身	60g
塩 （味見をして濃ければ不要、うすいときは最大でカニの重さの0.7%まで）	

★あんの材料

スープ（14〜15ページ）	80g
日本酒	10g
しょう油	10g
砂糖	8g
ショウガのしぼり汁	2g
水溶き片栗粉 （片栗粉5g+水10g）	

万能ネギ	3g

作り方

① 長ネギ、タケノコ、水で戻したシイタケを千切りにする。

② フライパンにサラダオイル（分量外）を薄く引き、①を入れて弱火で3分炒める。

③ 取り出して重量を量り、0.7%の塩をする。

炒めてから
量ってね

④ 卵をボールに割り、よくほぐしたらスープ、日本酒、塩、砂糖、コショウを加えて混ぜる。

⑤ カニは味見をして
   から塩をする。

カニの塩味が
強ければ
塩はなしで

⑥ フライパンにサラダオイル（分量
   外）を引き、卵液を入れて弱火
   にかける。

⑦ ⑤のカニのほぐし身を入れる。

⑧ ③の野菜類を入れる。

⑨ 常にゴムベラで混ぜ続ける。

けっこう時間
がかかるので
のんびりと

⑩ 卵が流れなくなったら、混ぜる
のをやめて底を少し焼き固める。

⑪ ヘラで裏返して底面を軽く焼き
固め、皿に取り出す。卵の底面
を上にする（フライパンに皿をか
ぶせ、フライパンごと裏返すと卵
をくずさずに皿に移せる）。

⑫ 鍋にスープと酒、しょう油、砂糖、
ショウガのしぼり汁、水溶き片
栗粉を加えて中火にかけ、よく
混ぜふつふつと沸騰させ30秒ほ
ど加熱する。

あんは
小鍋で
作ろう

⑬ 皿に卵を盛り、あんをかけて、
万能ネギの小口切りを散らす。

エビと小松菜の炒め物

エビのプリプリ食感が勝負！
この方法なら必ず成功

材料 2人分

エビ	160g（10尾程度）
生シイタケ	50g
小松菜	80g
ショウガ	3g
長ネギ	30g
サラダオイル	20g

★合わせ調味料

日本酒	10g
砂糖	8g
しょう油	10g
オイスターソース	5g
片栗粉	2g
水	20g

コショウ	コショウ挽き 4回転

小松菜は
茎だけ！

葉っぱは
ここで
入れよう

作り方

① エビの殻をむく。

② シイタケは3枚のそぎ切りにし、小松菜は葉と茎とに分けて4〜5cmの長さに切る。ショウガは千切り、長ネギは5cmの長さの斜め切りにする。

③ フライパンにエビが浸かる程度の0.8％の塩水（分量外）を作り、エビを入れて弱い中火にかけ、ゆっくり65℃まで温度を上げる。

④ エビを取り出してキッチンペーパーで水気を取り除く。

⑤ フライパンに3cmほど水を入れて（分量外）中火で沸かし、沸騰したらシイタケと小松菜の茎を入れて10秒湯通しする。

⑥ 冷たいフライパンにサラダオイルを入れ、ショウガとネギを入れてから火をつけ、弱火で1分炒める。

⑦ 火を中火にしてエビ、シイタケ、小松菜の茎を入れ30秒炒める。

⑧ 小松菜の葉を入れさっと混ぜる。

⑨ 中火にして合わせ調味料をすべて入れて全体にからめ、煮立ってきたら1分ほど加熱し、火を止めてコショウをふる。

⑩ 器に盛りつける。

八宝菜

ていねいな下ごしらえで
一流店の味に

材料 2人分

イカ（上身）	60g
むき身エビ	50g
豚肩ロース（ショウガ焼き用）	50g
ウズラの卵	4個
ニンジン	30g
白菜	80g
ヤングコーン	18g
シイタケ	30g
ブロッコリー	20g
ショウガの千切り	3g
乾燥キクラゲ（生キクラゲの場合は25g）	3g
サラダオイル	30g

★合わせ調味料	
スープ（14〜15ページ）	50g
日本酒	10g
しょう油	5g
塩	4g
砂糖	5g
ゴマ油	5g
水溶き片栗粉（片栗粉4g+水7g）	
ゴマ油（仕上げ用）	5g

作り方

① イカは4cm×3cmくらいの大きさに切り、3mm幅で切り込みを縦横に入れ、エビは背わたを取っておく。

② 豚肩ロースは2cm×4cmくらいの大きさに切る。

▷ めんどうなら水煮缶で！

③ ウズラの卵は沸騰した湯の中で3分ゆで、取り出して水に落とし、殻をむいておく。

④ ニンジンは1.5cm×4cmの短冊切り、白菜は硬いところを1cm×4cmの短冊切り、柔らかいところを2cm×4cmの大きさに切る。

▷ タケノコなどでもいいですよ

⑤ ヤングコーンは斜め半割り、シイタケは軸を取り除いて1cm幅に切る。

⑥ ブロッコリーは2.5cm大の房に分ける。ショウガは千切り、キクラゲは水で戻して3cm×3cm大に切る

⑦ フライパンにイカとエビと豚肉が浸かる程度の0.8%の塩水（分量外）を作って入れる。

41

⑧

⑧ 弱火にかけてゆっくり温度を上げ、50℃でイカ、60℃でエビ、70℃で豚肉をキッチンペーパーを敷いたバットに取り出して水気を切る。

⑨ フライパンに湯を沸かし（分量外）、沸騰したらブロッコリーとニンジンを入れ2分半ゆでて、ザルで湯を切る。

⑩ ブロッコリーだけは冷水に落とし、粗熱を取ってから水気を切る。

熱の
入りすぎを
防ぎます

⑪ フライパンに白菜の硬いところ、ヤングコーン、シイタケ、キクラゲを入れ、サラダオイル30gをからめて弱火にかけ、4分炒める。

⑫ ショウガの千切りを加えて20秒炒め、ニンジンを加えて1分炒める。

⑬ ブロッコリーと白菜の柔らかいところを加えて30秒炒める。

⑭ ウズラの卵、エビ、イカ、豚肉に、合わせ調味料をすべて加えて中火にし、混ぜながら加熱する。

⑮ 1分ほどして煮立ってきたら、ゴマ油を加えて混ぜる。

⑯ 器に盛りつける。

甘み、辛みは
お好みで！
お酒にも合う
定番前菜

シジミのしょう油漬け

材料　2〜3人分

シジミ	300g
水	300g
シジミの煮汁	80g
しょう油	20g
酒	10g
砂糖	10g
すりおろしニンニク	1g
酢	5g
鷹の爪	1本

作り方

① 鍋にシジミと水を入れ、アルミホイルで落しぶたをして弱火にかけ、ゆっくりと口を開ける。

② 煮汁をキッチンペーパーで濾す。

③ 別の鍋にしょう油、酒、砂糖、すりおろしニンニク、酢、鷹の爪を加えて30秒ほど強火で煮立てる。

④ ③に②の煮汁を加え10秒煮立てる。

⑤ ポリ袋にシジミを入れ、④を加えて空気を抜いて密封し、冷水に浸けたまま味をなじませる。

⑥ 冷めたら器に盛りつける。

青椒肉絲
チンジャオロース

細切りでもジューシーな肉が決め手。
ぜひマスターしてほしい一品です

材料 2人分

牛もも肉	100g
赤ピーマン	30g
緑ピーマン	50g
タケノコ（水煮）	80g
長ネギ	20g
ショウガ	5g

★肉の下味

塩	0.8g
コショウ	コショウ挽き 6回転
溶き卵	20g
片栗粉	5g

★合わせ調味料

しょう油	10g
オイスターソース	5g
砂糖	10g
酒	20g
コショウ	コショウ挽き 5回転

ゴマ油（仕上げ用）	5g

作り方

① 肉は5mm〜7mmの細切りにする。ピーマン、タケノコも同様の細切りにする。ネギとショウガはみじん切りにする。

② 肉に下味をからめてなじませる。

③ フライパンに1cmくらいの高さの油を入れる（分量外）。

火にかける
前に油を
注ごう

④ 冷たい油の中に肉を入れ、少し広げてから弱火にかける。

油で肉を洗う感じで

⑤ 軽く混ぜ広げながら火を通し、赤いところがなくなったらザルで油を切る。

⑥ ⑤の油をフライパンに戻して中火にする。ピーマンを1切れ入れて勢いよく泡が出てきたら（約150℃）、タケノコと残りのピーマンを入れ、強火にして30秒混ぜながら加熱する。

⑦ ザルに上げて野菜類の油を十分に切り、油は捨てる。

⑧ ⑦のフライパンを弱火にかけ、長ネギ、ショウガを加えて20秒ほど炒める。

⑨ 肉と野菜をフライパンに戻し、強火にして合わせ調味料をすべて加えて20〜30秒加熱。

ピーマンとタケノコを油通しします

⑩ 最後に真ん中にスペースを作ってゴマ油を入れ、香りを出して全体にからめる。

⑪ 盛りつける。

手軽に作れる
万能副菜。
冷めてもおいしい!

ジャガイモの和え物

材料 2人分

ジャガイモ (メークイン)	200g
サラダオイル	15g
ニンニク	10g
鷹の爪	3本
塩	1.8g
しょう油	5g
砂糖	4g
万能ネギ	20g

作り方

① ジャガイモは皮をむき、3〜5mmの細切りにする。

② フライパンにたっぷりの湯を強火で沸かし、沸騰したらジャガイモを入れて20秒湯通しし、すぐにザルで湯切りする。 これ大事!

③ 冷たいフライパンにサラダオイルとニンニクの細切り、鷹の爪を入れて弱い中火で20〜30秒加熱する。

④ 強火にしてジャガイモを入れ、よく混ぜながら20〜30秒加熱する。

ここからは
強火です

⑤ 塩、しょう油、砂糖を加えて強火のままさらに混ぜながら30秒加熱し、最後に3〜4cmに切った万能ネギを加えて合わせる。

イカとブロッコリーの炒め物

イカは柔らか、
ブロッコリは歯ごたえを残して
プロ級の仕上がりに

材料 2人分

イカ（上身）	160g
ブロッコリー	160g
乾燥キクラゲ	5g
（生キクラゲの場合は40g）	
サラダオイル	15g
ニンニク	6g
ショウガ	4g
鷹の爪	1本
紹興酒	10g
塩	2.4g
ゴマ油（仕上げ用）	5g

作り方

① イカは2cm×3cmの大きさに切り、格子状に切り込みを入れる。

② ブロッコリーは3cm大くらいの房に分け、ニンニク、ショウガはみじん切りにする。

③ キクラゲは水で戻し、3cm大に切る。

④ フライパンにイカが浸かる程度の0.8%の塩水（分量外）を作り、イカを入れてから火をつけ、弱火で50℃までゆっくり温度を上げる。

ここ大事！

⑤ イカを取り出してキッチンペーパーで水気を切る。

⑥ ブロッコリーは、0.8%の塩水を強火で沸騰させた中で2分ゆで、冷水にとって粗熱をとってから水気を切っておく。

⑦ フライパンにサラダオイルを入れ、ニンニク、ショウガ、鷹の爪を入れて、弱火で2分ほど炒める。

⑧ キクラゲを入れて30秒炒める。

⑨ イカとブロッコリーを入れ強火にする。

⑩ 30秒炒めたら紹興酒、塩を加えて混ぜ、30秒〜1分炒める。

⑪ 最後にゴマ油を加えてからめる。

⑫ 器に盛りつける。

トマトとキクラゲの卵炒め

ふわふわ卵、コリコリキクラゲの
食感が楽しい定番の中華おかず

材料 2人分

トマト	200g
乾燥キクラゲ	5g
（生キクラゲの場合は40g）	
卵（中2個）	110g
（塩0.6g　砂糖1gを加える）	
ゴマ油（卵用）	10g
ニンニク	1g
ショウガ	2g
ゴマ油	10g

★合わせ調味料

スープ（14〜15ページ）	30g
オイスターソース	8g
しょう油	5g
砂糖	3g
仕上げ用のゴマ油	5g
コショウ	コショウ挽き 5回転

⑥

作り方

① トマトは縦4つ割、横半割に切る。

② キクラゲは水で戻し、4cm×4cmくらいの大きさに切る。

③ 卵は塩と砂糖を加えて、ボールで十分にコシを切るように混ぜる。

④ ニンニク、ショウガはみじん切りにする。

⑤ 冷たいフライパンにゴマ油10gを引き、卵を流し込んでから、弱火にかける。

　　　　　　　　　　弱火でゆっくり！

⑥ ゴムベラで全体をゆっくり混ぜながら半熟気味のスクランブルエッグを作り、いったんバットに取り出す。

⑦ フライパンをきれいにしてから、ゴマ油10gとニンニク、ショウガを入れて、弱火にかけて2分ほど炒める。

⑧ トマトとキクラゲを加え、さらに1〜2分炒め、⑥の卵を戻し入れる。

　　　　　　　　ここだけ強火です

⑨ 強火にして合わせ調味料をすべて加えて20秒ほど混ぜ、仕上げにゴマ油とコショウをして火を止める。

⑩ 皿に盛りつける。

牛肉の
オイスターソース炒め

オイスターソースの風味と
セロリの香りが食欲をかきたてます

材料 2人分

牛肩ロース	120g
★肉の下味	
塩	0.5g
紹興酒	5g
溶き卵	10g
コショウ	コショウ挽き 2回転
片栗粉	4g
ゴマ油	2g
タケノコ(水煮)	80g
ピーマン	60g
赤パプリカ	60g
長ネギ	60g
セロリ	40g
ショウガ	4g
ニンニク	2g
サラダオイル(野菜炒め用)	20g
★合わせ調味料	
紹興酒	10g
スープ(14〜15ページ)	40g
砂糖	8g
オイスターソース	25g
塩	0.6g
水溶き片栗粉(片栗粉4g +水10g)	
コショウ	コショウ挽き 10回転
仕上げのゴマ油	5g

作り方

① 牛肉を1cm角×4cmの棒状に切る。

② ボールに牛肉を入れ塩をしてよく混ぜてから、紹興酒、溶き卵、コショウを入れて混ぜ、片栗粉、ゴマ油を入れてさらに混ぜたら10〜15分置いてなじませる。

③ タケノコは厚さ5mm、縦横3cm×4cmくらいの大きさに切る。

④ ピーマン、パプリカは1.5cm×3cmくらいの大きさに切る。

⑤ 長ネギは小口から1.5cmの斜め切りにする。

⑥ セロリは5mm厚さの斜め切りにする。

②

10〜15分は
なじませよう

⑦ ニンニク、ショウガはみじん切り。

⑧ 冷たいフライパンに牛肉がひた
ひたに浸かる程度のサラダオイ
ル（分量外）を入れ、下味をつけ
た牛肉を広げて入れる。

⑨ フライパンを弱火にかけ、ゆっくり
100℃まで油温を上げる。

⑩ 100℃になったら火を止め、肉を
いったん取り出してザルで油を
切る。

⑪ フライパンをきれいにして、タケノ
コ、ピーマン、パプリカ、長ネギ、セ
ロリを入れ、サラダオイルをまわ
しかけてからめる。

途中で
数回混ぜる
程度で
OK

⑫ 火をつけて弱火で
6〜7分炒める。

⑬ フライパンの真ん中にスペースを
作り、ニンニクとショウガを入れて
20秒炒め、全体にからめる。

⑭ フライパンに⑩の牛肉を入れ、合
わせ調味料をすべて加えて混ぜ
ながら中火で2分煮る。

最後だけ
強火

⑮ 強火にしてゴマ油、コショウをし
て混ぜる。

⑯ 皿に盛りつける。

簡単そうで、
実は深い。
ていねいに
作るだけで
こんなにおいしい

モヤシ炒め

細いヒゲ
のような
ところも
取ろう

材料 2人分

モヤシ	200g
ゴマ油	10g
万能ネギ	5g
塩	1g
しょう油	5g
仕上げのゴマ油	5g

作り方

① モヤシの根をていねいに取り除き、万能ネギを2cmの長さに切る。

② 冷たいフライパンにモヤシを入れ、ゴマ油10gをまわしかけてからめる。

③ 弱火にかけて6～7分炒める。

④ 万能ネギを入れ、塩をふって2分炒める。

強火は
5秒!

⑤ 強火にし、フライパンの真ん中をあけ、しょう油、仕上げのゴマ油を加え、5秒ほどからめる。

⑥ 皿に盛りつける。

酢豚

焼いたパイナップルが新鮮なアクセント！
豚肉のジューシーさにもこだわろう

材料　2人分

豚肩ロース	150g

★豚肉の下味

塩	1.4g
溶き卵	10g
コショウ	コショウ挽き 5回転
片栗粉	3g
薄力粉	3g

パイナップル	50g
ニンジン	30g
赤・黄パプリカ	各30g
タマネギ	40g
ピーマン	15g

★合わせ調味料

しょう油	10g
砂糖	20g
酢	25g
塩	2.2g
トマトペースト	8g
日本酒	40g

水溶き片栗粉　（片栗粉 3g+水20g）

作り方

① 豚肉の下味用の材料をすべて混ぜる。

② 豚肉は3cmくらいの一口大に切り、①にからめておく。

③ 野菜類を豚肉と同じくらいの大きさの乱切りにする。

④ パイナップルは厚み1cmで食べやすい大きさに切る。

⑤ フライパンにニンジンが浸かる程度の湯を沸かし（分量外）、串が通るくらいまで3分ほどゆでて、ザルで湯切りしておく。

⑥ パイナップルはフライパンで両面に焼き色がつくまで弱火で焼く。

この
ひと手間で
本格派

⑥

⑦ 豚肉をフライパンに入れ、ひたひ
たよりやや少なめのサラダオイル
（分量外）を入れてから、弱火〜
弱い中火にかける。

⑧ 70℃までゆっくり油温を上げた
ら、豚肉をいったんバットなどに
上げておく。

これで
豚肉が
しっとり

⑨ 同じフライパンのまま強火にして、
油の温度を170℃まで上げ、
ニンジン、パプリカ、
タマネギ、ピーマンを入れ、
30秒加熱。

ちゃんと
計ってね

⑩ ザルに上げて油を切る。

⑪ 同じ油をさらに180℃まで加熱
し、豚肉を戻し入れて
20秒揚げ、取り出して
ザルで油を切る。

ここで
豚肉の外側が
香ばしくなる

⑫ 別のフライパンに、合わせ調味
料と水溶き片栗粉を入れて中火
で煮立てる。

⑬ 1分ほど煮立てたら、揚げた豚、
⑩の野菜、⑥のパイナップルを
入れてさっとからめる。

⑭ 皿に盛りつける。

<ruby>東坡肉<rt>トンポーロ</rt></ruby>

肉はトロトロ、しかもジューシー。
時間をかける価値があるごちそうメニュー

材料 2人分

豚バラ肉（ブロック）	500g

★煮汁の材料

水	1000g
紹興酒	30g
しょう油	25g
砂糖	40g
長ネギ	20g
八角	1／2～1個
ショウガスライス	10g
粒コショウ	10粒
花椒	10粒
丁子	3本
黒酢	5g

★タレの材料

スープ（14～15ページ）	100g
煮汁	20g
紹興酒	15g
しょう油	5g
砂糖	5g
ネギ油	10g
片栗粉	3g

作り方

① 豚バラ肉のブロックを、100gずつくらいに切り分ける。

② バットに足つきの網を置き、表面にサラダオイル（分量外）を薄く塗った肉を並べてのせる。

熱がゆっくり均一に通るように天板から浮かすため

③ ②を110℃に予熱したオーブンに40分入れる。

その間に煮汁とタレの準備を！

③

④ 取り出した肉をフライパンに移し、豚肉の高さの半分強までサラダオイル（分量外）を注いで、弱い中火にかける。

⑤ 油温が130℃になったら火を止め、そのまま5分置く。肉を反転して再度火をつけ、130℃になったら火を止め、再び5分置く。

めんどうでもぜひやってみて！

⑥ 鍋に豚肉と、豚肉が十分浸かる量の水（分量外）を入れ、弱い中火〜弱火で軽く沸騰させた状態を保ち、10分煮る。

⑦ 肉を取り出して、水で脂を流す。

⑧ 鍋に豚肉と、煮汁の材料をすべて入れ、強火で一度沸騰させる。沸騰したら弱火に落とす。

あとは
のんびり
待ちましょう

⑨ 鍋ごと150℃のオーブンに入れて串を刺して柔らかくすっと通るまで3〜5時間煮る。オーブンがない場合は弱火で同じ状態になるまで煮る。途中で煮汁が少なくなったときは最初の分量の高さまで湯を足し、途中で浮いてくる余分な脂は取り除く。

⑩ タレの材料をすべてフライパンに入れて強火で一度煮立てる。

⑪ 鍋から肉を取り出してタレの入ったフライパンに移し、弱い中火にしてからめながら2〜3分煮る。

⑫ 皿に盛りつける。

時間はかかりますが、
休日にのんびり
試してください

白菜のクリーム煮

ホワイトソースのコクと旨みで
野菜を味わうシチューのような煮物

作り方

① 干し貝柱を水につけて戻す(約1時間)。

② 白菜は硬いところは7mm角×5cmくらいの棒状に切り、柔らかいところは2cm×4cmくらいの大きさに切っておく。

③ 冷たい鍋にバターを入れ、超弱火で加熱する。

この工程は
ぜったい
省かないで

④ 温度計で60℃を超えたら火を止め、薄力粉を加えて木べらでダマができないようによく混ぜ、そのまま3分放置する。

⑤ ④の鍋を弱火にかけ、常に木べらで混ぜながら、ふつふつ沸いてきたら火から外して余熱で混ぜる。ふつふつがおさまったら再び火にかけて、サラサラ流れるようになるまで続ける。

⑥ スープと牛乳を加えてから強火にし、泡立て器で常に混ぜながら、鍋肌が少し沸いてくるまで加熱する。

⑦ 戻した干し貝柱をほぐして⑥に加えたら弱火に落とし、ときどき混ぜながら5分煮る。

材料 2人分

干し貝柱	20g

★ホワイトソース

無塩バター	20g
薄力粉	20g
スープ(14〜15ページ)	50g
牛乳	250g
白菜	160g
ネギ油	15g
酒	20g
塩	3g
砂糖	3g
エバミルク	50g

⑧ 冷たいフライパンに白菜の硬いところを入れて、ネギ油をからめ、弱火で6〜7分炒め、次に柔らかいところを入れて1分炒める。

⑨ ⑧に酒を入れ、強火にして1分加熱する。

⑩ ⑤のホワイトソースと、塩、砂糖を加え弱火で5分煮る。

⑪ 最後にエバミルクを加えて弱火のまま1分煮る。

⑫ 器に盛りつける。

麻婆豆腐

豆腐の湯通しで、
ぷるぷるの舌ざわり

材料　2人分

豆腐　1丁	320g
牛・豚の合びき肉	80g
サラダオイル	15g
豆板醤	8g
ニンニク	10g
ショウガ	10g
長ネギ	10g
日本酒	30g
水	100g
しょう油	10g
砂糖	10g
塩	2g
長ネギ	30g
水溶き片栗粉	（片栗粉3g+水6g）
ゴマ油	10g
粉山椒	適量
万能ネギ	10cm

作り方

① 豆腐を2cmの角切りにする。

② ニンニク、ショウガ、長ネギをみじん切りにする。

③ 残りの長ネギ（30g）は1cm幅の小口切りにする。

④ フライパンに豆腐を入れ、ひたひたの水（分量外）を加えて中火にかけ、90℃（沸騰させない）になったら、ザルに上げて水気を切る。

沸騰させると
舌触りが悪く
なります

④

⑤ 合びき肉をフライパンに入れ、肉が浸るくらいまでサラダオイル（分量外）を注いでから火にかけ、弱火でゆっくりと加熱する。

⑥ かき混ぜず、うっすら白っぽくなってきたら、ザルで濾して油を切る。

アクを取って
ひき肉の臭み
ナシに！

⑦ 再び弱火のフライパンに戻して赤い部分がなくなるまで炒めてバットなどに上げておく。

⑧ 別のフライパンにサラダオイル15gを引き豆板醤を入れ、弱い中火にかける。ふつふつしてきたら弱火にして30秒ほど炒める。

⑨ ニンニク、長ネギ、ショウガのみじん切りを加えてさらに1分炒める。

⑩ 日本酒を加えて、軽くふつふつ
する程度まで加熱し、アルコー
ルを飛ばす。

⑪ 水、しょう油、砂糖、塩、合び
き肉、水溶き片栗粉を加えて再
びふつふつするまで中火で2〜
3分煮る。

⑫ 長ネギを加える。

長ネギは
煮すぎず
香りよく

⑬ 豆腐も加えて弱火で3分煮る。

⑭ 火を止めて3〜5分置く。

⑮ 中火にかけ、ふつふつしたらゴ
マ油、山椒で仕上げ、万能ネ
ギの小口切りをちらす。

汁なし担々麺

ごまが香る甘辛ひき肉ダレは
麺以外にも応用できます

材料 2人分	
豚ひき肉	120g
ザーサイ	30g
シイタケ	20g
白ネギ	30g
紹興酒	10g
豆板醤	2g
甜面醤	5g
しょう油	10g
スープ	30g

★タレの材料	
いりゴマ	10g
ねりゴマ	10g
花椒	5g
黒酢	5g
しょう油	15g
スープ(14〜15ページ)	20g
ゴマ油	5g
卵黄	15g
砂糖	8g
ラー油	10g
塩	1g

中華麺	280g(2玉)
万能ネギ	4g

うどんや
焼きそば
でもおいしく
できます

作り方

① ザーサイは細かくきざみ、ゆでてから水気を切っておく。

② シイタケ、白ネギはみじん切りにしておく。

③ ひき肉を冷たいフライパンに入れて、肉が半分浸かる程度のサラダオイル(分量外)を注ぎ、その中でひき肉をほぐして広げる。

④ フライパンを弱火にかけ、混ぜながらゆっくり加熱し、肉が少し白くなりかかってきたタイミングで、ザルで濾して油を切る。

⑤ 油を切ったひき肉をフライパンに戻し、弱火で全体が白くなるまで混ぜながら炒める。

⑥ 出てきた水分と余分な油を、ザルで濾して取り除き、肉をフライパンに戻す。

⑦ ⑥にきざんだザーサイ、シイタケ、白ネギを加え、弱火で3〜4分炒める。

⑧ 紹興酒を入れて20秒ほど中火で加熱する。

⑨ フライパンの中央にスペースを作り、豆板醤、甜面醤を入れて10秒ほど炒める。

⑩ しょう油とスープを加え、水分がほとんどなくなるまで煮つめる。

⑪ タレを作る
・すり鉢にいりゴマと花椒を入れて軽く擦る。
・残りの調味料をすべて入れて軽く擦り混ぜる。

⑫ 麺を準備する
・沸騰した湯で2分ほどゆでる。
・湯切りしてさらに流水でよく洗い、ぬめりをとる。
・再度沸かした湯に10秒ほど入れて温め、しっかり湯切りする。

⑬ 器にタレを先に入れてから、麺を入れる。上に⑩のひき肉をのせ、万能ネギの小口切りをあしらう。

五目春巻き

具だくさんで栄養バランスも最高。
一品だけでも楽しめる大人気メニュー

材料 6本分

豚スライス	80g
春雨	20g
ニンジン	50g
タケノコ水煮	50g
干しシイタケ	3枚
	（水につけて戻しておく）
ニラ	30g

★具材の調味料

ショウガ	10g
しょう油	10g
オイスターソース	5g
ゴマ油	5g
砂糖	5g
酒	20g
シイタケの戻し汁	20g

水溶き片栗粉	（片栗粉4g +水10g）

春巻きの皮	6枚

作り方

① 豚肉は5mmくらいの細切りにする。

② ニンジン、タケノコ、戻した干しシイタケも細切りにする。

③ ニラは5cmくらいの長さに切る。

④ ショウガはみじん切りにしておく。

⑤ 春雨は湯通しして水気を切り、3cmくらいの長さに切っておく。

　　　長すぎると食べにくい

⑥ フライパンにサラダオイル（分量外）を引き、豚肉を入れて弱火で加熱する。全体が白っぽくなり、火が通ったら取り出しておく。

⑦ フライパンにサラダオイル（分量外）を引き、弱火のままニンジンを炒める。

⑧ ニンジンが柔らかくなったらタケノコを加えて30秒ほど炒め、シイタケとニラを加えてさらに1分炒める。

⑧

⑨ 春雨と豚肉を戻し入れ、調味料をすべて加えて中火で水分を飛ばしながら炒める。

⑩ 水溶き片栗粉を加え40秒ほど混ぜ、バットに広げて冷ます。

⑪ 具材を春巻きの皮で包み、閉じ口は小麦粉を水で溶いたもの（分量外）を塗って貼りつける。

水だけよりもしっかり閉じられます

⑪

⑫ 鍋にサラダオイル（分量外）を入れ、油温が140℃になったら春巻きを入れる。

⑬ うっすら色がついたら、いったん取り出す。

ここで皮がパリっと！

⑫

⑭ 油温を180℃に上げて、もう一度さっと揚げる。

⑮ バットに上げてしっかり油を切る。

油温が低いと余分な油が切れません

⑯ 皿に盛りつける。

鶏の
カシューナッツ炒め

炒ったカシューナッツが香ばしい。
ごはんが止まらない一品

材料 2人分

鶏もも肉	140g
ピーマン	40g
タマネギ	80g
赤パプリカ	50g
シイタケ	30g
カシューナッツ	80g

★合わせ調味料

酒	10g
砂糖	10g
しょう油	10g
オイスターソース	10g
スープ（14〜15ページ）	30g
水溶き片栗粉	（片栗粉2g +水5g）
ゴマ油	5g

作り方

① 鶏もも肉は2cm大に切る。

② ピーマン、タマネギ、赤パプリカは
2cm大の乱切りにする。

③ シイタケは軸を取り除いて、4〜6つ
に切る。

④ フライパンに1cmくらいのサラダオイ
ル（分量外）を入れ、カシューナッツ
を入れて弱い中火にかける。

⑤ フライパンを揺すりながら
混ぜ、軽く色づいたら
ザルで油を切る。

このひと手間は
ぜひ！ 香ばし
さが違います

⑤

⑥ フライパンにサラダオイル（分量
外）を引き、鶏もも肉の皮目を
下にして並べ、弱めの中火に
かける。

⑦ 肉の高さの半分くらいまで白っ
ぽくなり火が通ったら裏返し、
全体が白っぽくなったらバットな
どにキッチンペーパーを敷いて
取り出し、余分な油と水分を取
り除く。

⑧ ⑦のフライパンに野菜を入れ、
サラダオイル（分量外）をまわし
かけてからめてから、弱火で5
〜7分炒めたら、カシューナッツ
も加える。

⑧

⑨ 鶏もも肉を戻し入れて強火にし、
合わせ調味料（水溶き片栗粉も
含む）をすべて加えて、全体を混
ぜながら中火で30秒ほど煮る。

⑨

⑩ ゴマ油をまわしかけて混ぜる。

⑪ 器に盛りつける。

肉団子のあんかけ

肉団子の二度揚げで
中はふんわり、外はこんがり香ばしく

材料 2人分

ショウガ	10g
タマネギ	60g
パン粉	10g
溶き卵	10g
紹興酒	10g
豚ひき肉	200g
塩（ひき肉用）	2g
オイスターソース	8g
片栗粉	4g
粉山椒	0.5g
★あんの材料	
スープ（14〜15ページ）	100g
しょう油	5g
塩	0.4g
黒酢	5g
砂糖	6g
片栗粉	3g
長ネギ	10g

作り方

① ショウガはみじん切りにする。

② タマネギもみじん切りにし、サラダオイル（分量外）を引いた冷たいフライパンに入れ、弱火で3分炒めたらバットにあけて冷ます。

③ ボールにパン粉、溶き卵、紹興酒を入れて混ぜる。

④ ③のボールにひき肉と塩を入れ、すりこぎで突いて結着させる。

③

⑤ 結着したひき肉に、①②③を
　加える。

⑥ さらにオイスターソース、片栗
　粉、粉山椒を加えて混ぜ、8
　等分する。

⑦ 丸めて薄く片栗粉（分量外）を
　はたく。

⑧ 鍋に肉団子を並べ、ひたひた
　までサラダオイル（分量外）を注
　ぐ。

⑨ 弱い中火にかけ油の温度を
　70℃まで上げ、70℃を保ちな
　がら10分加熱する。

⑩ 肉団子をいったんバットに取り
　出す。

⑪ 油の温度を190℃まで上げて
　再び肉団子を入れる。

これで
中はふんわり
外はサクっと
香ばしく

⑫ 表面が色づくまで揚げたら、取
　り出して油を切る。

⑬ 別の鍋にあんの材料をすべて
　入れ、混ぜながら中火にかけ、
　30秒くらい沸騰させる。

⑭ 器に肉団子を盛り、あんをかけ、
　白髪ネギをあしらう。

<ruby>油<rt>ユー</rt>淋<rt>リン</rt>鶏<rt>チー</rt></ruby>

鶏は「ゆでてから揚げる」で
失敗なくパリッとした食感に

材料 2人分

鶏もも肉	300g
塩（肉用）	1.6g

★煮汁	
水	800g
紹興酒	40g
しょう油	20g
塩	10g
酢	5g

★揚げ焼き用	
片栗粉（打ち粉）	適量
揚げ油に加えるゴマ油	10g

★タレ	
長ネギ	20g
ショウガ	5g
スープ	10g
コショウ	20回転
しょう油	8g
塩	1g
酢	40g
蜂蜜	20g

万能ネギ	10cm
白ネギ	10cm

作り方

① 鍋に煮汁の材料をすべて入れて混ぜ、皮目を下にして鶏肉を入れる。

② 弱い中火にかけ、75℃まで温度を上げる。

③ 火を止め、ふたをして 15分放置する。 ここ大事！

④ 長ネギ、ショウガはみじん切りにして、タレの材料をすべて小鍋に入れる。

⑤ 中火にかけ、ひと煮立ちさせて冷ましておく。

⑥ ③の鶏肉を取り出して、キッチンペーパーで汁気をとる。

⑦ 鶏肉の表裏に塩をふり、皮目にだけ刷毛で薄く片栗粉を薄くはたく。

⑧ フライパンに1cmほどの高さまでサラダオイル（分量外）を注ぎ、ゴマ油を10g加えて中火にかける。

⑨ 油温が160℃になったら、皮目を下にして⑥の鶏肉を入れる。

⑩ 油をお玉で鶏肉にかけながら、皮目がパリッとするまで3〜4分揚げ焼きにする。

肉は
反転しなくて
OK

⑪ 鶏肉を網の上などに取り出して油を切る。

⑫ 鶏肉を1.5cmくらいの幅に切り、皿に盛りつけて⑤のタレをかける。

⑬ 上に万能ネギの小口切り、白ネギの細切りをあしらう。

アサリの
紹興酒蒸し

紹興酒の風味が心地よい
簡単おつまみ

材料 2〜3人分

殻つきアサリ	300g
日本酒	100g
紹興酒	50g
しょう油	4g
万能ネギ	5g

作り方

① フライパンにアサリと日本酒、紹興酒を入れ、アルミホイルで落としぶたをする（密閉しないように注意）。

ゆっくり加熱
すれば身が
ちぢまない

② 弱火〜弱い中火にかけてゆっくり加熱する。

③ アサリの口が開いてきたら、身がついている側を下にして、さらに2〜3分加熱する。

④ しょう油を加えてさっと混ぜる。

⑤ 器に盛りつけ、万能ネギの小口切りをあしらう。

①

④

シュウマイ

意外なほど簡単な「おうちシュウマイ」、
この混ぜ方なら肉汁を逃しません

材料 15個分

エビむき身	50g
豚ひき肉	150g
塩	2g
タマネギ	30g
干しシイタケ（水で戻しておく）	3g
砂糖	4g
コショウ	コショウ挽き 6回転
片栗粉	20g
卵白	10g
オイスターソース	16g
シュウマイの皮	15枚

⑤

作り方

① エビを細かく刻み、ボールに入れてすりこぎで突いて潰す。

② そこにひき肉と塩を加え、さらによく突いて結着させる。

③ タマネギはみじん切りにして、フライパンに入れ、サラダオイル（分量外）をからめて弱火で3分炒め、バットに広げて冷ましておく。

④ 水で戻した干しシイタケは細かくきざんでおく。

⑤ エビとひき肉が入った②のボールにタマネギ、シイタケ、砂糖、コショウ、片栗粉、卵白、オイスターソースを加え、ゴムベラで混ぜる。最後に手で6〜7回軽く混ぜ、空気を抜いておく。

⑥ 皮で具を包む。

形が多少
悪くても気に
しない！

できれば
熱の通りが
穏やかな
竹のせいろを
使おう

⑦ 蒸気の上がった
蒸し器(せいろ)で
10〜13分蒸す。

和食にも合う！
アサリの旨みを
味わうスープ

アサリと チンゲンサイのスープ

材料　2〜3人分

殻つきアサリ	20g
紹興酒	20g
日本酒	120g
スープ（14〜15ページ）	360g
チンゲンサイ	60g
塩	3g
しょう油	5g
水溶き片栗粉　（片栗粉3g＋水7g）	

作り方

① 鍋にアサリ、紹興酒、日本酒を入れ、アルミホイルで落としぶたをして弱火にかける。

② 口がすべて開いたらアサリは取り出し、煮汁はキッチンペーパーで濾す。

③ チンゲンサイは縦半分、横半分に切る。

④ 鍋にスープと②の煮汁、塩、チンゲンサイを入れて中火にかけ、沸いてきたら弱火にして2分煮る。

⑤ しょう油と水溶き片栗粉を入れて中火にし、軽く沸いてくるまで混ぜる。

⑥ アサリを加えて20秒ほど煮たら火を止める。

⑦ 器に盛りつける。

中華にも
焼き肉にも
ぴったりの
簡単スープ

春雨と
ワカメのスープ

材料　2〜3人分

春雨	10g
塩蔵ワカメ	7g
スープ（14〜15ページ）	480g
塩	3.4g
しょう油	5g
ショウガのしぼり汁	1g
コショウ	2回転
万能ネギ	3g
白ゴマ	2g

作り方

① 春雨とワカメは水で戻して洗っておく。

② 鍋にスープ、春雨、ワカメ、塩を入れて中火にかける。

③ 沸いてきたら弱火にして3分煮る。

④ しょう油を入れてさっと混ぜ、火を止め、ショウガのしぼり汁を入れる。

⑤ 器にスープを盛り、コショウ、万能ネギの小口切り、白ゴマをふる。

子供も大人も
大好きな、
具だくさんの
おかずスープ

コーンと卵スープ

材料　2〜3人分

タマネギ	50g
トウモロコシのむき身 (冷凍コーンでも可)	60g
サラダオイル	15g
スープ	250g
塩	2.8g
しょう油	3g
水溶き片栗粉 (片栗粉2g+ 水6g)	
溶き卵	30g
ゴマ油	2g
万能ネギ	3g
コショウ	コショウ挽き 4回転

作り方

① タマネギは繊維に沿って3mmの厚みにスライスする。

② 鍋にタマネギを入れ、サラダオイルをからめて、弱火で3〜5分炒める。

③ トウモロコシを入れて1分炒める。

④ スープ、塩、しょう油、水溶き片栗粉を入れて、強火で混ぜながら加熱する。

⑤ 1分沸騰させたら火を止めて溶き卵をまわし入れ（穴あきおたまを通しながら入れるとよい）、卵が浮いて固まってきたらそっと箸で散らす。

⑥ ⑤を器に入れ、ゴマ油をお好みで垂らして、万能ネギの小口切りをのせ、コショウをふる。

夜食にもぴったり
のやさしい食感。
ショウガの香りが
決め手です

ワンタンスープ

材料　2〜3人分

牛・豚の合びき肉	60g
塩	0.8g
長ネギ	20g
ショウガ	2g
ワンタンの皮	12枚
スープ（14〜15ページ）	450g
塩	3g
しょう油	5g
ショウガのしぼり汁	1g
ショウガの千切り	2g

作り方

① 長ネギとショウガをみじん切りにする。

② ボールに合びき肉と塩を入れ、すりこぎで突いて結着させる。

③ みじん切りにした①を加えてゴムベラで混ぜる。

④ ワンタンの皮で③を包み、12個作る。

⑤ 鍋にスープ、塩、しょう油を入れて強火で加熱する。

⑥ 沸いてきたらワンタンを入れ、軽い沸騰状態で4分煮る。

⑦ ショウガのしぼり汁を加えて火を止める。

⑧ 器に盛り、ショウガの千切りをあしらう。

杏仁豆腐

つるりとなめらかな
舌ざわりと口どけを目指すなら
この分量とこの温度！

材料　4〜5個分

杏仁霜（きょうにんそう）	3g
牛乳	260g
砂糖	35g
水	30g
板ゼラチン	3g
（ゼラチンが浸るくらいの冷水で戻し、水気を切る）	

★シロップ

水	30g
砂糖	15g
杏露酒	4g
クコの実	3粒

作り方

① 杏仁霜に牛乳を少し加え、泡立て器で混ぜてペースト状に溶いておく。

② 鍋に①と残りの牛乳、砂糖、水、戻したゼラチンを加えて中火にかける。

③ 混ぜながら85℃まで温度を上げる。

④ ザルで濾して粗熱を取り、器に入れて冷やし固める。

⑤ 小鍋に水、砂糖、杏露酒を入れて中火にかけて混ぜ、砂糖が溶けたらボールに移して粗熱を取る。

⑥ ⑤のシロップにクコの実を浸けて冷蔵庫で冷やす。

⑦ ④にシロップをかけ、上にクコの実をのせる。

①

水島弘史（みずしまひろし）

1967年福岡県生まれ。大阪あべの辻調理師専門学校卒業、同校フランス校卒業後「ジョルジュ・ブラン」で研修。帰国後、恵比寿「ラブレー」に勤務、1994年より3年間シェフをつとめる。2000年7月、恵比寿に「サントゥール」を開店し「エムズキッチンサントゥール」と改め2009年まで営業。2010年からは麻布十番「水島弘史　調理料理研究所」で料理教室を主宰し、科学的な調理理論を取り入れた独自の指導を行っている。大学、企業の研究所にもデータを提供、新メニュー開発、調理システムのアドバイスも行う。
『100％下ごしらえで絶対失敗しない定番料理』（幻冬舎）、『野菜炒めは弱火でつくりなさい　いつもの家庭料理が急に美味しくなる33のレシピ』（青春出版社）、『だまされたと思って試してほしい　料理の新常識』（宝島社）、『読むだけで腕が上がる料理の新法則』（ワニ・プラス）　ほか

おうち中華が劇的においしくなる
まさかの弱火中華

2020年4月10日　初版発行

著　　者　　水島弘史
発行者　　佐藤俊彦
発行所　　株式会社ワニ・プラス
　　　　　〒150-8482　東京都渋谷区恵比寿4-4-9 えびす大黒ビル7F
　　　　　電話　03-5449-2171（編集）

発売元　　株式会社ワニブックス
　　　　　〒150-8482　東京都渋谷区恵比寿4-4-9 えびす大黒ビル
　　　　　電話　03-5449-2711（代表）

デザイン　喜安理絵
撮影　　　藤木裕之
印刷所　　シナノ書籍印刷株式会社